Impressum
Verlag: BABADADA GmbH, Nedderfeld 112 , 22529 Hamburg
Geschäftsführer / Verlagsleitung: Harald Hof
Druck: Books on Demand GmbH, In de Tarpen 42, 22848 Norderstedt

Imprint
Publisher: BABADADA GmbH, Nedderfeld 112 , 22529 Hamburg, Germany
Managing Director / Publishing direction: Harald Hof
Print: Books on Demand GmbH, In de Tarpen 42, 22848 Norderstedt, Germany

escola

سکول

sala de aulas
کلاس روم
dividir
تقسیم
186/2
quadro
pátio da escola
professor
استاد
papel
کاغذ
escrever
caneta
قلم
escrivaninha
میز
régua
سکیل
livro
کتاب
aluno

sacola

جزدان

estojo de lápis

پینسل دا ڈبہ

lápis

پینسل

apontador de lápis

پینسل شارپنر

borracha

ربر

bloco de desenho

ڈرائنگ پیڈ

desenho

ڈرائنگ

pincel

پینٹ برش

estojo de tintas

پینٹ باکس

tesoura

قینچی

cola

گلو

livro de exercícios

مشقی کتاب

lição de casa

گھر دا کم

número

عدد

somar

جمع

subtrair

تفریق

multiplicar

ضرب

calcular

کیلکولیٹ

letra

خطرہ

alfabeto

حروف تہجی

palavra

لفظ

texto

متن

ler

پڑھنا

giz

چاک

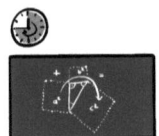

hora

سبق

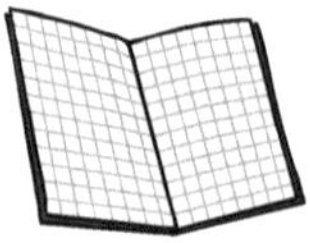

registro da classe

رجسٹر

exame

امتحان

certificado

سند

uniforme escolar

سکول نی وردی

educação

تعلیم

enciclopédia

انسائیکلوپیڈیا

universidade

یونیورسٹی

microscópio

مائیکرو سکوپ

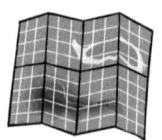

mapa

نقشہ

cesto de lixo

کچرے نا ڈبہ

viagem
سفر

hotel
ہوٹل
albergue
ہاسٹل
casa de câmbio
ایکسچینج دفتر
mala
سوٹ کیس
carro
کار

idioma
بولی

sim / não
ہاں /نئیں

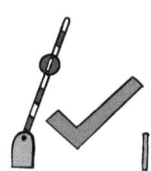

ok
ٹھیک ہے

Olá
اسلام و علیکم

tradutor
ترجمان

obrigado
شکریہ

quanto custa...?

ایہہ کنے نے ؟

eu não entendo

می سمجھ نئیں رلی

problema

مسئلہ

boa noite!

اسلام و علیکم

Bom dia!

اسلام و علیکم

Boa noite!

اللہ حافظ

até logo

اللہ نے حوالے

direção

سمت

bagagem

سامان

bolsa

بیگ

mochila

بیک پیک

convidado

مہمان

quarto

کمرہ

saco de dormir

سلیپنگ بیگ

barraca

خیمہ

informação turística

سیاح لئی معلومات

praia

ساحل سمندر

cartão de crédito

کریڈٹ کارڈ

café da manhã

ناشتہ

almoço

دوپہر نا کھانا

jantar

رات نا کھانا

bilhete

ٹکٹ

elevador

لفٹ

selo

مہر

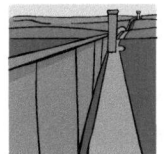

fronteira

بارڈر

alfândega

کسٹمز

embaixada

ایمبیسی

visto

ویزا

passaporte

پاسپورٹ

transporte

ٹرانسپورٹ

avião
جہاز
navio
پانی آلا جہاز
carro de bombeiros
فائر انجن
ônibus
بس
caminhão
ٹرک
barco a motor
موٹر بوٹ
bicicleta
بائیک
carro
کار

balsa

فیری

barco

کشتی

motocicleta

موٹر بائیک

veículo policial

پولیس کار

carro de corrida

ریسنگ کار

carro de aluguel

کرایہ نی گڈ

compartilhamento de automóvel

کار شئیرنگ

caminhão de reboque

بریک ڈاؤن ٹرک

caminhão de lixo

ریفیوز ٹرک

motor

موٹر

combustível

فیول

posto de gasolina

پٹرول سٹیشن

placa de trânsito

ٹریفک سائن

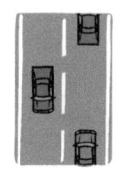

trânsito

ٹریفک

trânsito lento

ٹریفک جام

estacionamento

کار پارک

estação de trem

ریل سٹیشن

trilhos

ٹریکس

trem

ریل

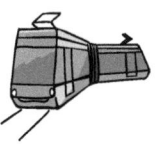

bonde

ٹرام

vagão

کیرج

helicóptero

ہیلی کاپٹر

aeroporto

ائر پورٹ

torre

مینار

passageiro

مسافر

contêiner

کنٹینر

cartolina

کاٹن

carroça

چھکڑا

cesto

بالٹی

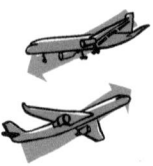

decolar / pousar

اڑنا / لینا

cidade

شہر

vilarejo

پنڈ

centro da cidade

سٹی سینٹر

casa

کھار

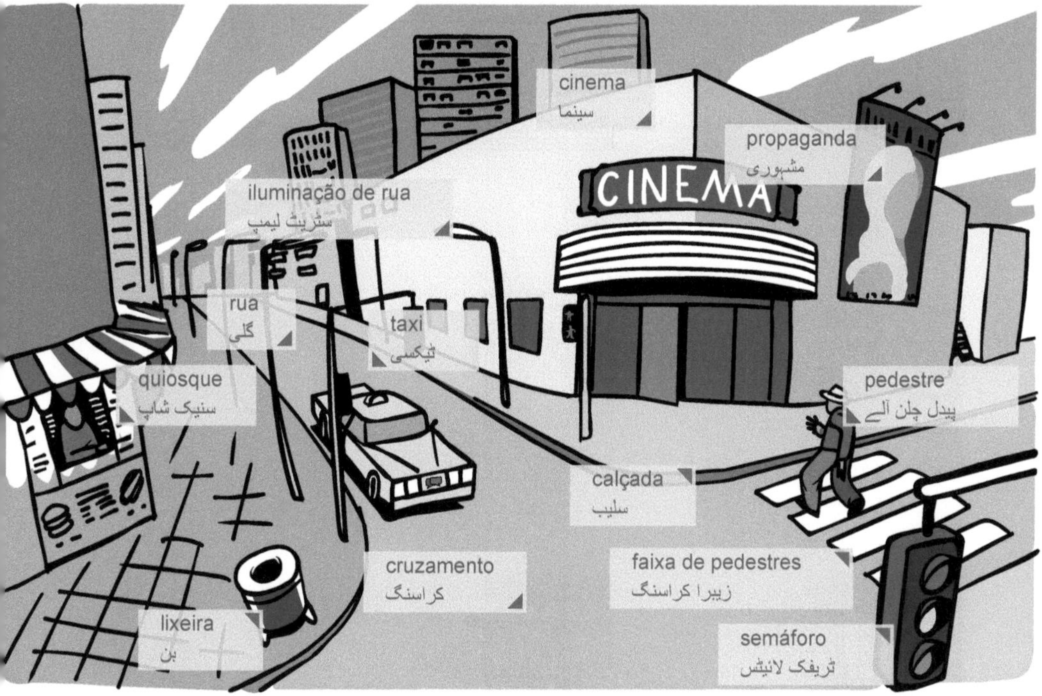

cinema
سینما
propaganda
مشہوری
iluminação de rua
سٹریٹ لیمپ
rua
گلی
taxi
ٹیکسی
quiosque
سنیک شاپ
pedestre
پیدل چلن آلے
calçada
cruzamento
کراسنگ
faixa de pedestres
زیبرا کراسنگ
lixeira
بن
semáforo
ٹریفک لائیٹس

cabana

ہٹ

apartamento

فلیٹ

estação de trem

ریل سٹیشن

prefeitura

ٹاؤن ہال

museu

میوزئیم

escola

سکول

universidade

یونیورسٹی

banco

بنک

hospital

ہسپتال

hotel

ہوٹل

farmácia

فارمیسی

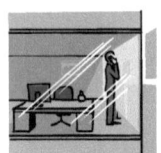

escritório

دفتر

livraria

کتب خانہ

loja

ہٹی

floricultura

پھلاں الے

supermercado

سپر مارکیٹ

mercado

بازار

loja de departamentos

ڈیپارٹمنٹ سٹور

peixaria

مچھیرے

centro comercial

شاپنگ سینٹر

porto

بندرگاہ

parque

پارک

banco

بنچ

ponte

پل

escadas

سیڑھیاں

metrô

انڈر گراؤنڈ

túnel

ٹنل

ponto de ônibus

بس سٹاپ

bar

بار

restaurante

ریسٹورنٹ

caixa de correspondência

پوسٹ بکس

placa de rua

سٹریٹ سائن

parquímetro

پارکنگ میٹر

zoológico

چڑیا کھار

piscina

سوئمنگ پول

mesquita

مسجد

fazenda

فارم

poluição

آلودگی

cemitério

قبرستان

igreja

چرچ

parquinho

پلے گراؤنڈ

templo

مندر

paisagem

منظر

folha
پتہ

placa de sinalização
سائن پوسٹ

caminho
راہ

gramado
سر سبز میدان

pedra
پتھر

árvore
درخت

caminhantes
ہائیکر

rio
دریا

grama
گھاس

flor
پھل

vale

وادی

montanha

پہاڑی

lago

نہر

floresta

جنگل

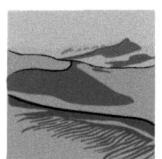

deserto

صحرا

vulcão

آتش فشاں

castelo

قلعہ

arco-íris

رین بو

cogumelo

کھمبی

palmeira

پام ٹری

mosquito

مچھر

mosca

مکھی

formiga

چیونٹا

abelha

مکھی

aranha

مکڑی

besouro

بھونرا

sapo

مینڈک

esquilo

گلہری

ouriço

سیہہ

lebre

ساھیا

coruja

الو

pássaro

پرندہ

cisne

راج ہنس

javali

نر سور

veado

ہرن

alce

بارہ سنگا

barragem

ڈیم

aerogerador

ونڈ ٹربائن

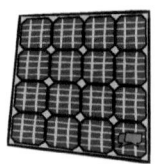

painel solar

شمسی توانائی دا پینل

clima

آب و ہوا

restaurante
ریسٹورنٹ

garçom
ویٹر
menu
مینیو
cadeira
کرسی
sopa
سوپ
pizza
پیزا
talheres
پھانڈے
toalha de mesa
میز نا کپڑا

entrada
....
سٹارٹر

prato principal
....
مین کورس

sobremesa
....
ڈیزرٹ

bebidas
....
مشروب

comida
....
کھانا

garrafa
....
بوتل

fastfood

فاسٹ فوڈ

comida de rua

سٹریٹ فوڈ

bule de chá

ٹی پاٹ

açucareiro

شوگر بول

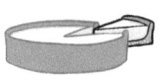

porção

پورشن

máquina de expresso

اسپریسو مشین

cadeirão

ہائی چئیر

conta

بل

bandeja

ٹرے

faca

چھری

garfo

کنڈا

colher

چمچ

colher de chá

ٹی سپون

guardanapo

تولیہ

copo

گلاس

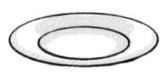

prato

پلیٹ

prato de sopa

سوپ پلیٹ

pires

ساسر

molho

چٹنی

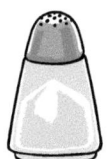

saleiro

نمک دانی

moedor de pimenta

پیپر مل

vinagre

سرکہ

óleo

تیل

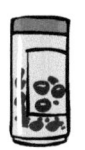

especiarias

مصالحہ

ketchup

کیچپ

mostarda

سرہیئوں

maionese

مینیز

supermercado

سپر مارکیٹ

oferta especial
سپیشل آفر
cliente
گاہک
laticínios
ڈیری
frutas
پھل
carrinho de compras
ٹرالی
FOR

açougue

قصائی

padaria

بیکرز

pesar

وزن

legumes

سبزیاں

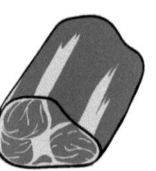

carne

گوشت

congelados

فروزن فوڈ

charcutaria

....

کولڈ گوشت

conservas

....

ٹن فوڈ

detergente em pó

....

واشگ پوڈر

doces

....

مٹھائی

artigos domésticos

....

کھار دیاں چیزاں

produtos de limpeza

....

صفائی آلی چیزاں

vendedora

....

سیل مین

caixa

....

ٹل

caixa

....

کیشئیر

lista de compras

....

شاپنگ لسٹ

horário de funcionamento

....

کھلن دا ویلا

carteira

....

پرس

cartão de crédito

....

کریڈٹ کارڈ

sacola

....

بیگ

saco plástico

....

پلاسٹک بیگ

bebidas
مشروب

água

....

پانی

suco

....

جوس

leite

....

ددھ

coca-cola

....

کوک

vinho

....

شراب

cerveja

....

شراب

álcool

....

شراب

cacau

....

کوکا

chá

....

چا

café

....

کافی

expresso

....

اسپریسو

cappuccino

....

کیپچینو

comida
کھانا

banana
....
کیلا

maçã
....
سیب

laranja
....
موسمبی

melão
....
تربوز

limão
....
نیمبو

cenoura
....
گاجر

alho
....
لہسن

bambu
....
بانس

cebola
....
پیاز

cogumelo
....
کھمبی

nozes
....
میوے

macarrão
....
نوڈلز

espaguete

سپیگیٹی

arroz

چاول

salada

سلاد

batatas fritas

چپس

batatas frias

تلے ہوئے آلو

pizza

پیزا

hambúrger

ہیم برگر

sanduíche

سینڈوچ

escalope

تکے

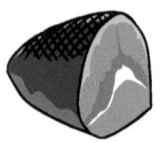

presunto

ہیم

salame

سلامی

salsicha

ساسج

galinha

مرغی

assado

بھنیا ہویا

peixe

مچھی

flocos de aveia

جو نا دلیہ

granola

مولی

flocos de milho

کارن فلیکس

farinha

آٹا

croissant

کرائسنٹ

pãozinho

بریڈ رول

pão

روٹی

torrada

ٹوسٹ

biscoitos

بسکٹ

manteiga

مکھن

requeijão

دہی

bolo

کیک

ovo

انڈا

ovo frito

تلیا انڈا

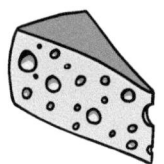

queijo

پنیر

sorvete

آئس کریم

açúcar

چینی

mel

شہد

geleia

جام

creme de avelãs

چاکلیٹ سپریڈ

curry

سالن

fazenda

فارم

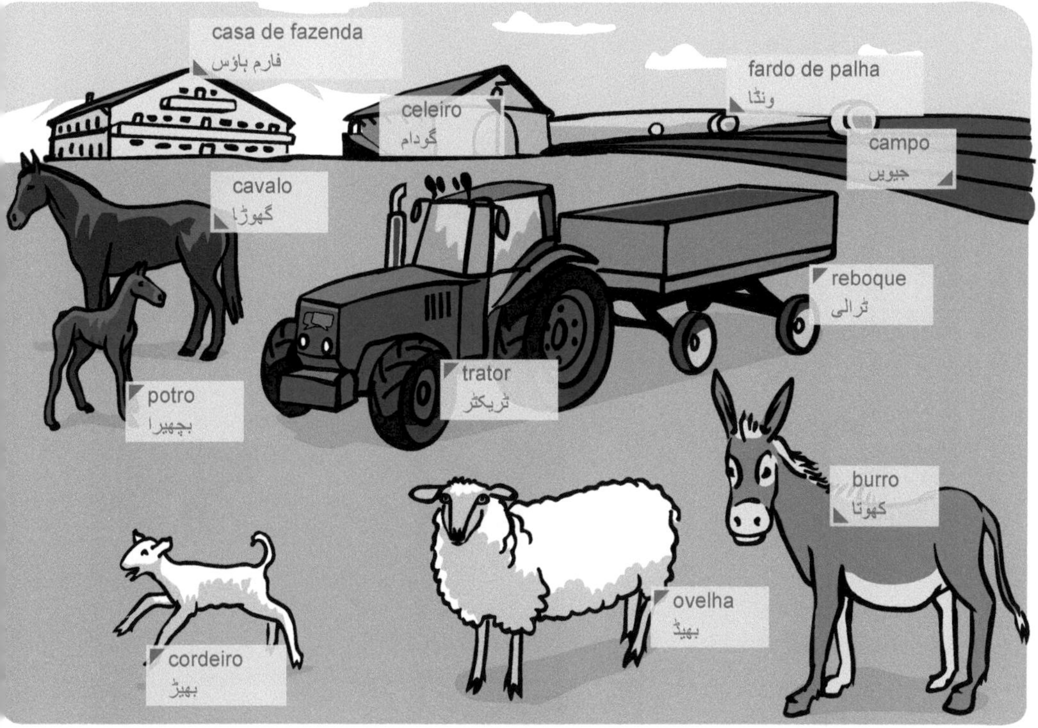

casa de fazenda
فارم ہاؤس
celeiro
گودام
fardo de palha
ونڈا
campo
جیویں
cavalo
گھوڑا
reboque
ٹرالی
trator
ٹریکٹر
potro
بچھیرا
burro
کھوتا
ovelha
بھیڈ
cordeiro
بھیڑ

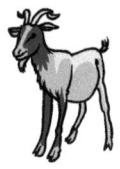

cabra

بکری

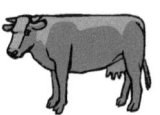

vaca

گاں

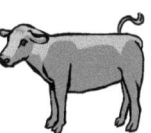

bezerro

بچھڑا

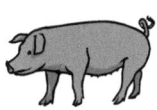

porco

سور

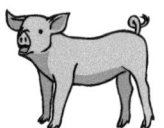

leitão

پگ لیٹ

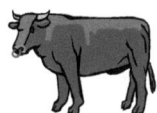

touro

بیل

ganso

بطخ

pato

بطخ

pintinho

چوزه

galinha

مرغی

galo

مرغا

ratazana

چوہا

gato

بلی

camundongo

چوہا

boi

بیل

cachorro

کتا

casinha do cachorro

کتے نا کھار

mangueira de jardim

لان نا پائپ

regador

پانی نا ڈبی

foice

درانتی

arado

ہل

foice

درانتی

enxada

ہو

forquilha

ترنگل

machado

کوہاڑی

carrinho de mão

ریڑھی

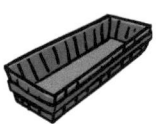

manjedoura

ڈونگا

jarra de leite

ددھ نا ڈبہ

saco

بورا

cerca

باڑ

estábulo

اصطبل

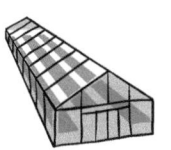

estufa

گرین ہاؤس

solo

مٹی

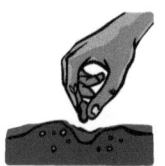

semente

بیج

fertilizante

کھاد

colheitadeira

کمبائن ہارویسٹر

colher

فصل

colheita

فصل

inhame

یامز

trigo

کنک

soja

سویا

batata

آلو

milho

مکئی

colza

تلی

árvore frutífera

پهلدار درخت

mandioca

کاساوا

cereais

اناج

casa

کھار

chaminé
چمنی
telhado
چھت
calhas de chuva
نالی
janela
کھڑکی
garagem
گیراج
campainha da porta
دروازے نی گھنٹی
porta
دروازہ
lata de lixo
کچرا دان
caixa de correspondência
لیٹر باکس
jardim
باغ

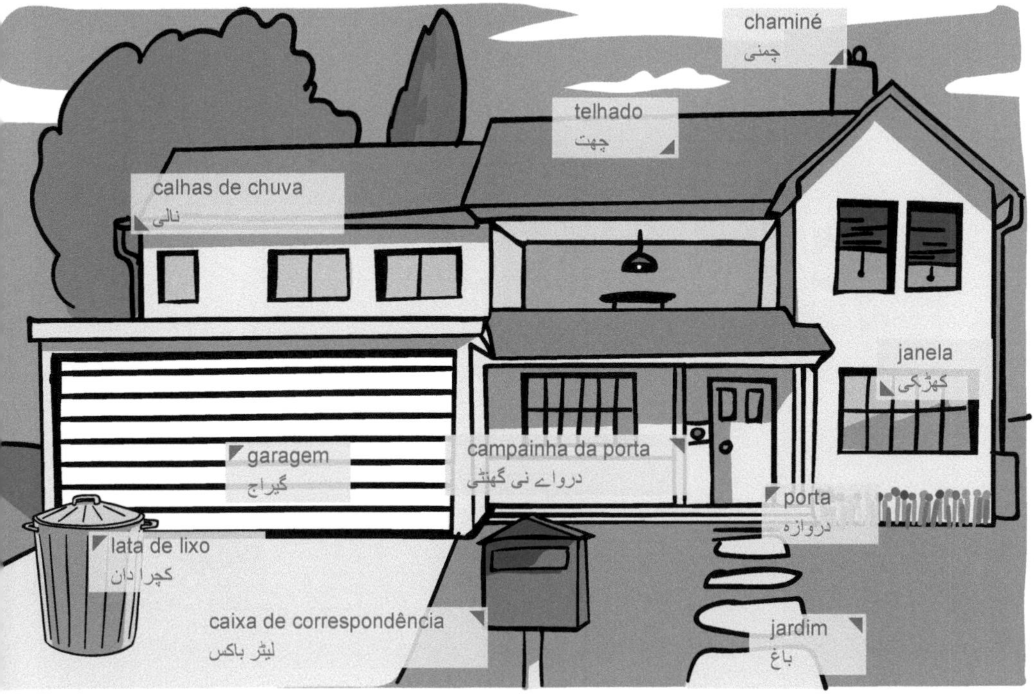

sala de estar

لونگ روم

banheiro

باتھ روم

cozinha

باورچہ خانہ

quarto de dormir

بیڈروم

quarto de criança

بچیاں نا کمرہ

sala de jantar

ڈائننگ روم

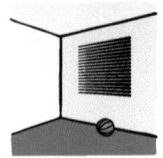

chão

فرش

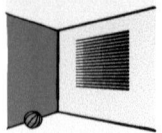

parede

دیوار

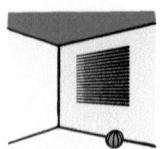

teto

چھت

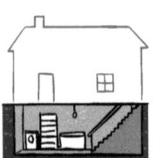

porão

سلہا

sauna

سوانا

varanda

بالکنی

terraço

ٹیرس

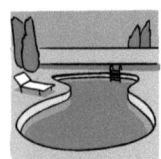

piscina

پول

cortador de grama

لان موور

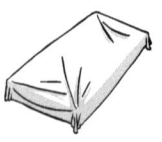

lençol

شیٹ

coberta

بیڈ سپریڈ

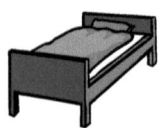

cama

بیڈ

vassoura

جھاڑو

balde

بالٹی

interruptor

سوئچ

sala de estar
لونگ روم

وال پیپر
quadro
تصویر
lâmpada
لیمپ
prateleira
شیلف
armário
الماری
televisão
ٹیلیویژن
lareira
آگ دان
flor
پھل
travesseiro
کشن
sofá
صوفہ
vaso
گلدان
controle remoto
ریموٹ کنٹرول

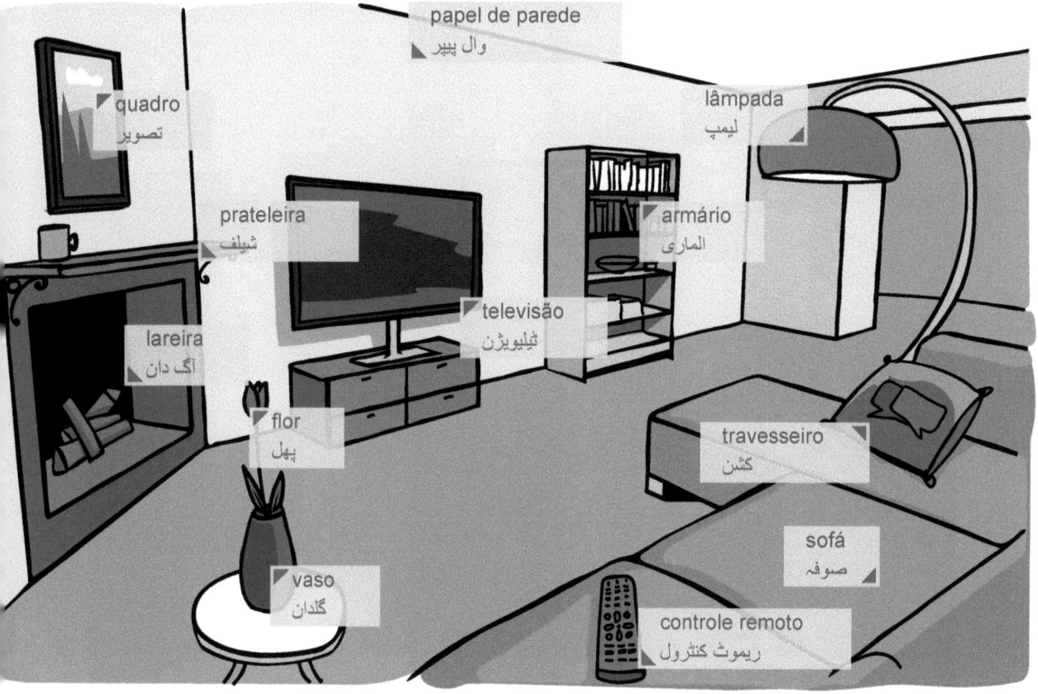

tapete

قالین

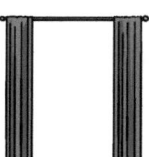

cortina

پردے

mesa

میز

cadeira

کرسی

cadeira de balanço

راکنگ چئیر

poltrona

آرم چئیر

livro

كتاب

cobertor

كمبل

decoração

ڈیکوریشن

lenha

کولے

filme

فلم

equipamento de som

ہائی فائی آلات

chave

چابی

jornal

اخبار

pintura

پینٹنگ

pôster

پوسٹر

rádio

ریڈیو

bloco de notas

نوٹ پیڈ

aspirador

ہوور

cacto

کیکٹس

vela

موم بتی

cozinha

geladeira
فرج
microondas
مائیکرو ویو اوون
balança de cozinha
کچن سکیل
tostadeira
ٹوسٹر
detergente
صرف
forno
اوون
freezer
فریزر
lata de lixo
کچرا دان
lava-louças
پھانڈے دھون آلا

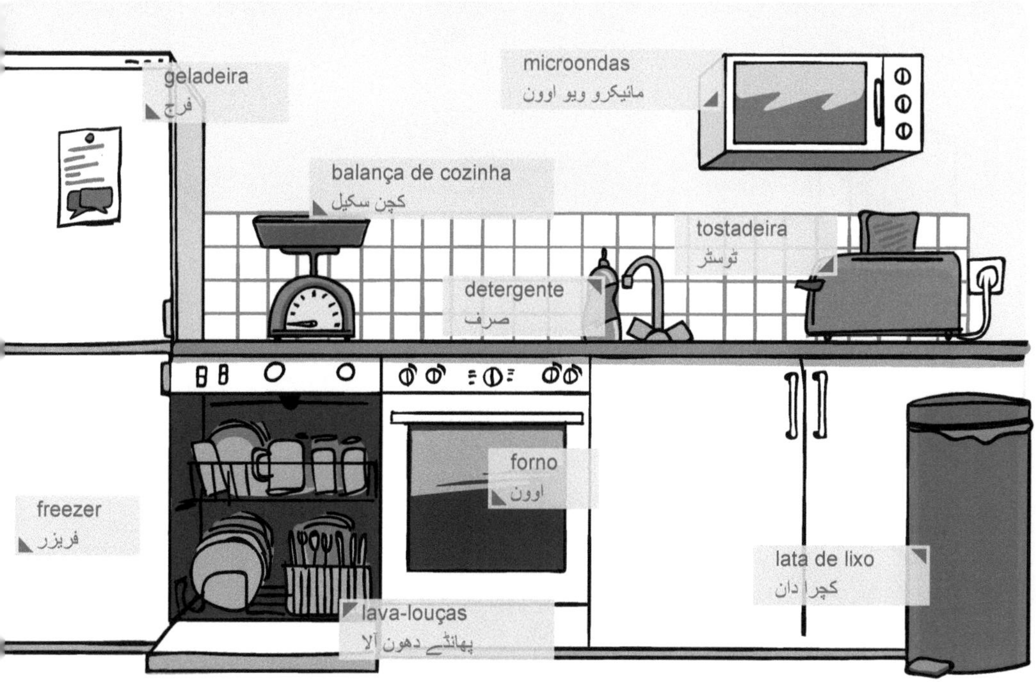

fogão

ککر

panela

پاٹ

panela de ferro

کاسٹ آئرن پاٹ

wok / kadai

ووک / کڈائی

frigideira

پین

chaleira

کیتلی

panela a vapor

سٹیمر

tabuleiro de forno

بیکنگ ٹرے

louça

پھانڈے

caneca

مگا

caçarola

پیالہ

hashi

چوپ سٹکس

concha de sopa

کرچھل

espátula

اسپالی

batedor

پھینٹن آلا

escorredor

چھننا

peneira

چھننی

ralador

جھاواں

almofariz

کھان پکان آلا چمچہ

churrasqueira

باربی کیو

lareira

چولھا

tábua de cortar

کٹنگ بورڈ

rolo da massa

رولنگ پن

saca-rolhas

کارک سکرو

lata

کین

abridor de latas

کین کھلون آلا

pegador de panela

پاٹ پگڑن آلا

pia

سنک

escova

برش

esponja

سپنج

liquidificador

بلینڈر

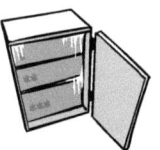

congelador

ڈیپ فریزر

mamadeira

بچے نی بوتل

torneira

ٹوٹی

banheiro

باتہ روم

aquecimento
toalha
تولیہ
ducha
شاور
cortina de chuveiro
شاور کرٹن
banho de espuma
banheira
نہان آلا ٹب
lava-roupa
واشنگ مشین
azulejos
ٹائل
torneira
ٹوٹی
copo
گلاس
penico
پاخانہ
pia
سنک

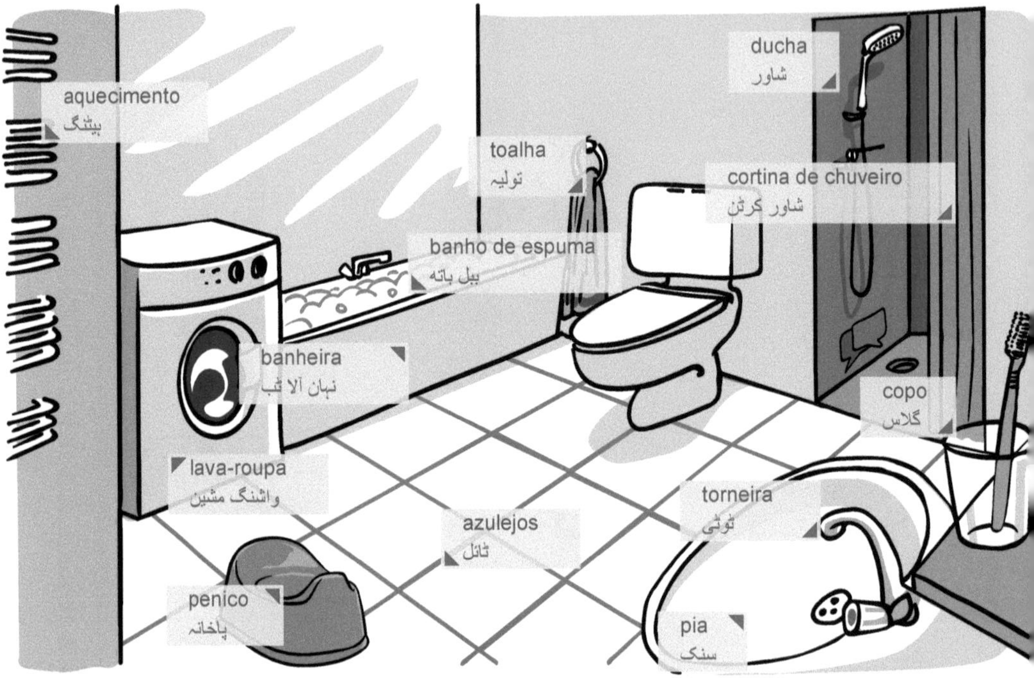

vaso sanitário

ٹوائلٹ

lavabo de agachar

ٹوائلٹ

bidê

بڈٹ

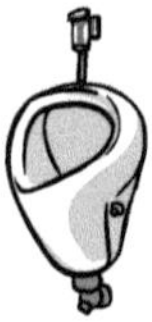

mictório

پیشاب

papel higiênico

ٹوائلٹ پیپر

escova de privada

ٹوائلٹ برش

escova de dentes

ٹوتھ برش

pasta de dentes

ٹوتھ پیسٹ

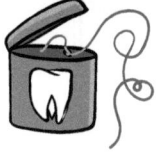

fio dental

ڈینٹل فلاس

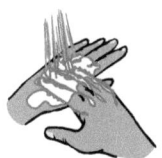

lavar

دھونا

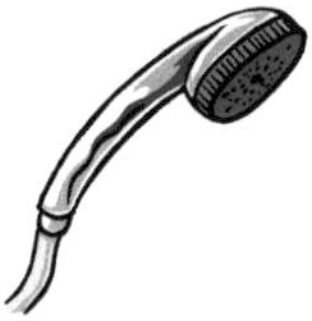

ducha de mão

ہتھ وچ پھڑن آلا شاور

ducha íntima

شاور

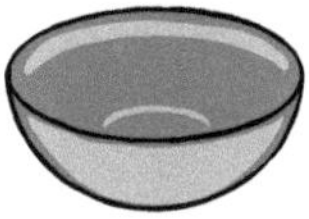

bacia

بیسن

escova para as costas

بیک برش

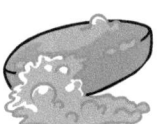

sabonete

صابن

gel de banho

شاور جیل

xampu

شیمپو

toalha de rosto

فلالین

escoamento

نالی

creme

کریم

desodorante

ڈیوڈرنٹ

espelho

آئینہ

espelho de mão

ہتھ آلا شیشہ

barbeador

استرا

espuma de barbear

شیونگ فوم

loção pós-barba

آفٹر شیو

pente

کنگھا

escova

برش

secador de cabelo

ہئیر ڈرائر

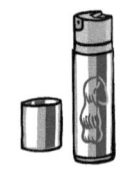

spray de cabelo

ہئیر سپرے

maquiagem

میک اپ

batom

لپ سٹک

esmalte de unhas

ناخن نی وارنش

algodão

کاٹن وول

tesoura para unhas

ناخن کٹر

perfume

پرفیوم

nécessaire

واش بیگ

banquinho

پاخانہ

balança

وزن دا پیمانہ

roupão de banho

باتھ نی الماری

luvas de borracha

ربر نے دستانہ

absorvente interno

بفر

absorvente íntimo

تولیہ سٹینڈ

banheiro químico

کیمیکل ٹوائلٹ

quarto de criança

بچیاں نا کمرہ

despertador
الارم کلاک
boneco de pelúcia
کھڈونے
carrinho de brinquedo
کھڈونا گڈی
chacoalho
casa de bonecas
presente
تحفہ

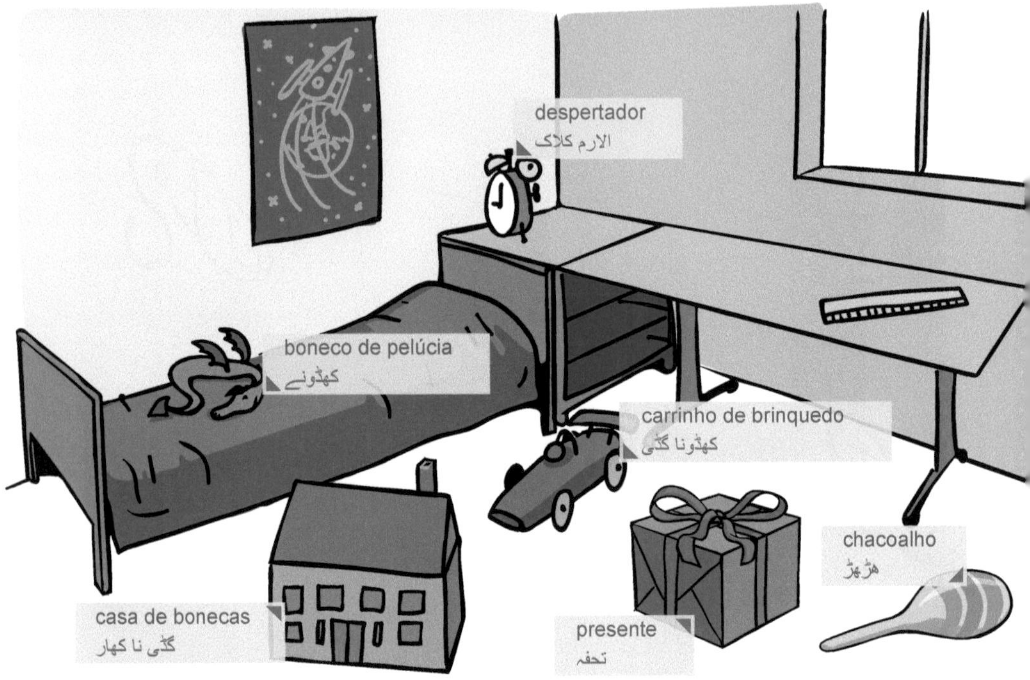

balão

پھکانا

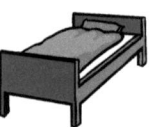

cama

بیڈ

carrinho de bebê

پرام

jogo de cartas

تاش نے پتے

quebra-cabeças

جگ سا

revista de quadrinhos

کامک

peças de Lego

لیگو برکس

blocos de construção

بلڈنگ بلاکس

figura de ação

کھڈونا

macaquinho de bebê

بےبی گرو

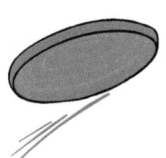

frisbee

فرزوی

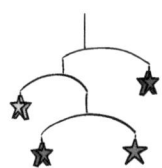

móbile para bebé

موبائل

jogo de tabuleiro

بورڈ گیم

dados

ڈائس

trenzinho elétrico

ماڈل ٹرن سیٹ

chupeta

ڈمی

festa

پارٹی

livro ilustrado

تصویری کتاب

bola

گیند

boneca

گڈی

brincar

کھیڈنا

caixa de areia

سینڈ پٹ

balanço

جھولا

brinquedos

کھڈونے

videogame

ویڈیو گیم کنسول

triciclo

ٹرائی سائیکل

ursinho de pelúcia

ٹیڈی بئیر

guarda-roupa

الماری

vestuário

کپڑے

meias

جراباں

meias pelo joelho

جراباں

meias-calças

ٹائٹس

cachecol
سکارف

guarda-chuva
چھتری

camiseta
ٹی شرٹ

cinto
بیلٹ

botas
بوٹ

chinelos
سلیپر

tênis
جوگر

sandálias
سینڈل

sapatos
جوتی

botas de borracha
ربر نے جوتی

roupa de baixo
انڈر ویئر

sutiã
برا

camiseta de baixo
بنیان

body

جسم

calças

پاجامہ

jeans

جینز

saia

سکرٹ

blusa

برا

camisa

قمیض

pulôver

سوئیٹر

suéter com capuz

ہوڈی

blazer

کوٹ

jaqueta

جیکٹ

casaco

کوٹ

gabardine

برساتی

traje

کاسٹیوم

vestido

کپڑے

vestido de casamento

شادی نا جوڑا

terno

سوٹ

camisola

راتے نے کپڑے

pijama

پاجامہ

sari

ساڑھی

lenço de cabeça

سکارف

turbante

پگڑی

burca

برقعہ

cafetã

کفتان

abaya

برقعہ

maiô

نہان والے کپڑے

sunga

انڈروئیر

shorts

نیکر

roupa de treino

ٹریک سوٹ

avental

دھوتی

luvas

دستانے

botão

بٹن

óculos

چشمہ

pulseira

بریسلیٹ

colar

ہار

anel

انگوٹھی

brinco

کنڈے

boné

ٹوپی

cabide

کوٹ ہینگر

chapéu

ٹوپی

gravata

ٹائی

zíper

زپ

capacete

ہیلمٹ

suspensórios

بریسز

uniforme escolar

سکول نی وردی

uniforme

وردی

babador

بب

chupeta

ڈمی

fralda

ناپی

escritório

دفتر

servidor
سرور
armário de arquivos
فائلاں نے الماری
impressora
پرنٹر
papel
کاغذ
monitor
مانیٹر
escrivaninha
میز
mouse
ماؤس
pasta
فولڈر
teclado
کی بورڈ
cesto de lixo
کچرے نا ڈبہ
computador
کمپیوٹر
cadeira
کرسی

xícara de café

کافی مگ

calculadora

کیلکولیٹر

internet

انٹرنیٹ

laptop

لیپ ٹاپ

carta

خط

mensagem

پیغام

celular

موبائل

rede

نیٹ ورک

copiadora

فوٹو کاپئیر

software

سافٹ وئیر

telefone

ٹیلیفون

tomada

پلگ ساکٹ

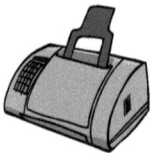

fax

فکس مشین

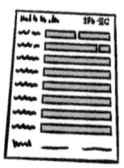

formulário

فارم

documento

دستاویزات

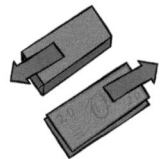

comprar

خریدنا

pagar

ادا کرنا

negociar

تجارت

dinheiro

پیسہ

Dólar

ڈالر

Euro

یورو

Yen

ین

rublo

ربل

franco suíço

سویس فرانک

renminbi yuan

رینمینبی یوان

rupia

روپیہ

caixa eletrônico

کیش پوائنٹ

casa de câmbio

ایکسچینج دفتر

ouro

سونا

prata

چاندی

petróleo

تیل

energia

توانائی

preço

قیمت

contrato

معاہدہ

imposto

ٹیکس

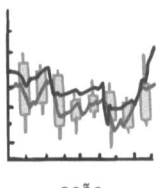

ação

سٹاک

trabalhar

کم

empregado

ملازم

empregador

آجر

fábrica

فیکٹری

loja

ہٹی

profissões

پیشہ

policial
پلس افسر
bombeiro
اگ بجھان آلا
cozinheiro
کک
médico
ڈاکٹر
piloto
پائلٹ

jardineiro

مالی

marceneiro

برھئی

costureira

درزن

juiz

جج

químico

کیمسٹ

ator

ایکٹر

motorista de ônibus

بس ڈرائیور

motorista de táxi

ٹیکسی ڈرائیور

pescador

مچھیرا

faxineira

صفائی آلی جنانی

telhador

روفر

garçom

ویٹر

caçador

شکاری

pintor

پینٹر

padeiro

بیکری آلا

eletricista

الیکٹریشن

construtor

تعمیرات آلا

engenheiro

انجینئیر

açougueiro

قصائی

encanador

پلمبر

carteiro

پوسٹ مین

soldado

سپاہی

arquiteto

آرکیٹیکٹ

caixa

کیشئیر

florista

پھلاں آلا

cabelereiro

نائی

condutor

کنڈکٹر

mecânico

مکینک

capitão

کپتان

dentista

دندان ساز

cientista

سائنس دان

rabino

ربائی

imam

امام

monge

راہب

pastor

انگریز

ferramentas
ٹولز

alicate
پلائر
martelo
ہتھوڑا
chave de fenda
سکریو ڈرائیور
lanterna
ٹارچ
chave inglesa
سپینر

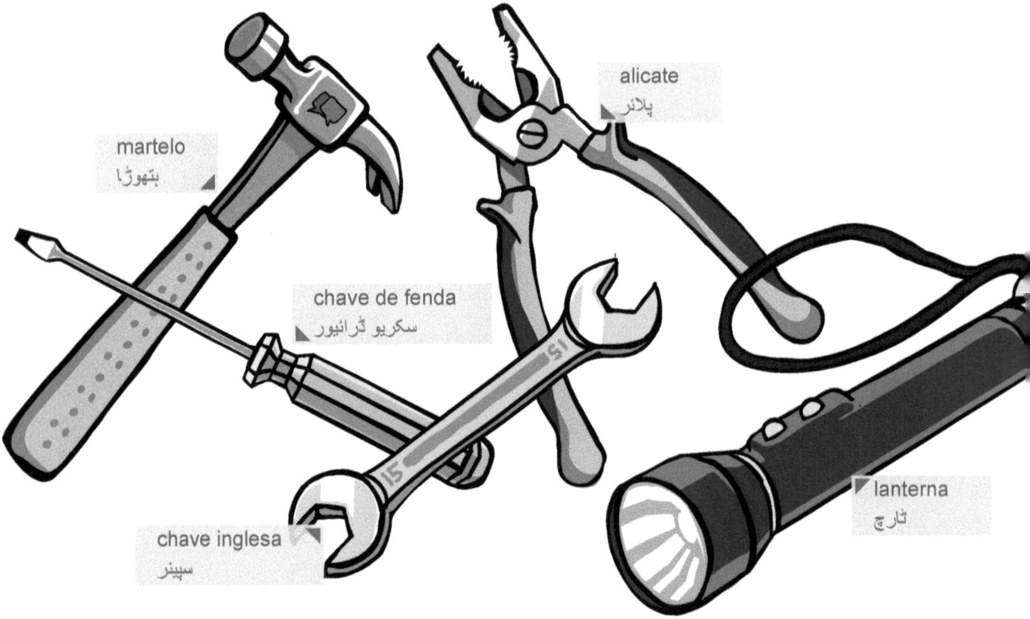

escavadora

پھاوڑا

caixa de ferramentas

ٹول باکس

escada de mão

سیڑھی

serra

آری

pregos

کیل

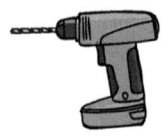

furadeira

ڈرل

consertar

مرمت

pá

شاول

Droga!

لعنت!

pá de lixo

ڈسٹ پین

pote de tinta

پینٹ پاٹ

parafusos

سکریوز

instrumentos musicais

موسیقی نے آلات

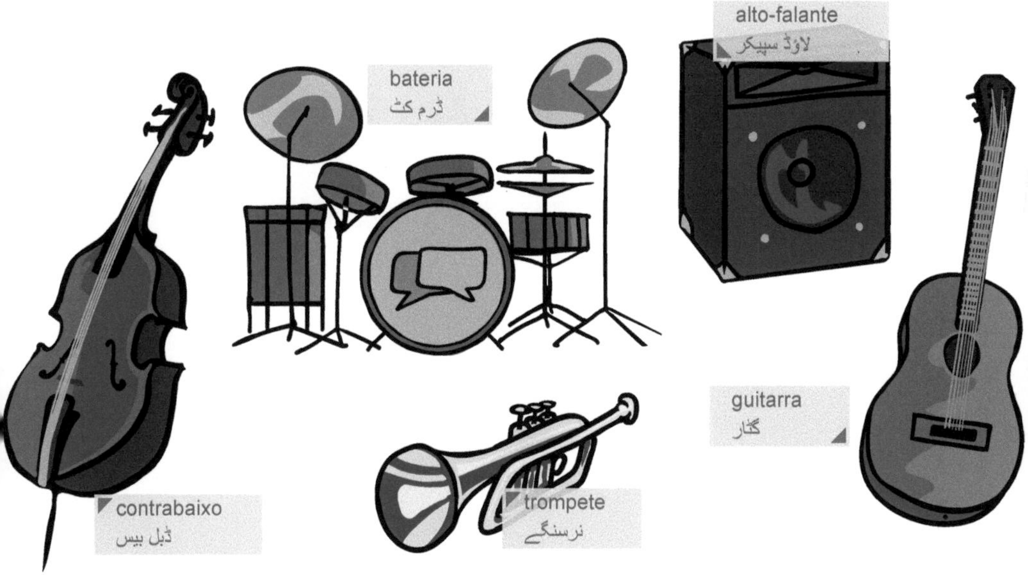

bateria

ڈرم کٹ

alto-falante

لاوڈ سپیکر

guitarra

گٹار

contrabaixo

ڈبل بیس

trompete

نرسنگے

piano

پیانو

violino

وائلن

baixo

بیس

timbales

ٹمپانی

tambor

ڈرمز

teclado

کی بورڈ

saxofone

سیگزو فون

flauta

بانسری

microfone

مائکروفون

zoológico
چڑیا کھار

tigre
چیتا
entrada
داخلہ
gaiola
پنجرہ
zebra
زیبرا
ração animal
جانوراں دا کھانا
panda
پانڈا

animais
جانور

elefante
ہاتھی

canguru
کینگرو

rinoceronte
گینڈا

gorila
گوریلا

urso
ریچھ

camelo

اونٹ

avestruz

شترمرغ

leão

شیر

macaco

باندر

flamingo

فلیمنگو

papagaio

طوطا

urso polar

برفانی ریچھ

pinguim

پینگوئین

tubarão

شارک

pavão

مور

cobra

سپ

crocodilo

مگرمچھ

guarda do zoológico

چڑیا گھر دا رکھوالا

foca

سیل

jaguar

جیگوار

pônei

پونی

leopardo

لیپرڈ

hipopótamo

ہپو

girafa

زرافہ

águia

چیل

javali

نر سور

peixe

مچھی

tartaruga

کیچھوا

morsa

والرس

raposa

لومبڑ

gazela

گیزل

esportes
کھیڈنا

futebol americano
امریکن فٹبال
ciclismo
سائکلنگ
tênis
ٹینس
basquete
باسکٹ بال
natação
سوئمنگ
boxe
باکسنگ
hóquei no gelo
آئس ہاکی

futebol
فٹبال

badminton
بیڈ منٹن

atletismo
ایتھلیٹکس

handebol
ہینڈ بال

esqui
سکیینگ

polo
پولو

atividades

کم

rir
ہنسنا
pular
چھال مارنا
abraçar
چھپی پانا
andar
چلنا
cantar
گانا گانا
sonhar
خواب
rezar
دعا
beijar
بوسہ

escrever
لکھنا

desenhar
لیک لانا

mostrar
وکھانا

empurrar
دھکا

dar
دینا

tomar
لینا

ter

ہے وے

fazer

کرنا

ser

ہو

ficar de pé

کھلونا

correr

دوڑنا

puxar

چیھکنا

jogar

سٹنا

cair

ٹھینا

deitar

جھوٹ

esperar

انتظار

carregar

چکنا

sentar

بیھنا

vestir

کپڑے پانا

dormir

سونا

despertar

جاگنا

olhar para

ویکھنا

chorar

رونا/چلانا

acariciar

سٹروک

pentear

کنگھا

falar

گل کرنا

entender

سمجھنا

perguntar

پوچھنا/دسنا

ouvir

سننا

beber

پینا

comer

کھانا

arrumar

تیار ہونا

amar

محبت

cozinhar

پکانا

dirigir

گڈی چلانا

voar

اڈنا

velejar

....

سمندری سفر

calcular

....

کیلکولیٹ

ler

....

پڑھنا

aprender

....

سیکھنا

trabalhar

....

کم

casar

....

شادی

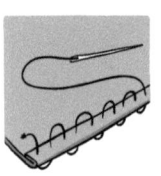

costurar

....

سیونا

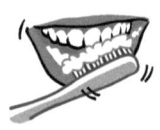

escovar os dentes

....

دند صاف

matar

....

قتل

fumar

....

دھواں

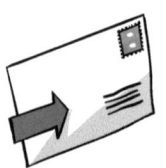

enviar

....

بھیجنا

avó
دادی

avô
دادا

pai
پيو

mãe
مان

bebê
بچہ

filha
دهی

filho
پتّر

convidado

مہمان

tia

ماسی / پھو

tio

چاچا/ماما

irmão

بھرا

irmã

بہن

corpo

جسم

testa
متھا
olho
اکھ
ombro
منڈھے
dedo
انگلی
rosto
منہ
queixo
ٹھوڑی
mão
ہتھ
peito
چھاتی
perna
لت
braço
بانہ

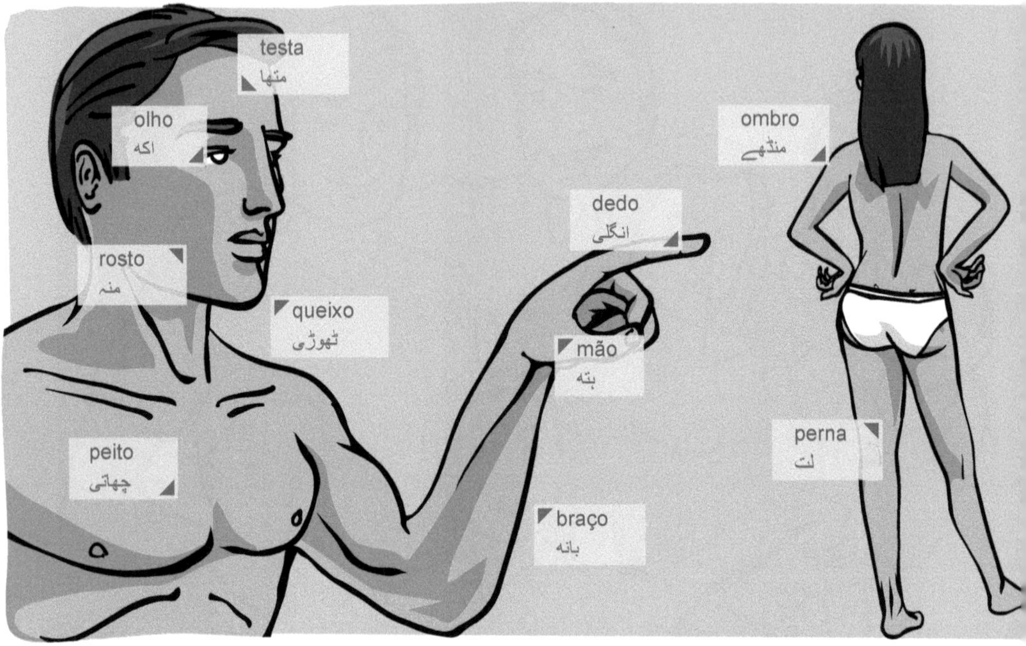

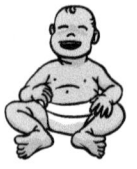

bebê
بچہ

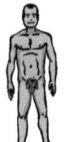

homem
بندہ

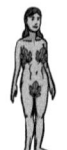

mulher
جنانی

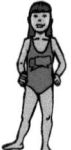

menina
کڑی

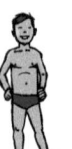

menino
مڑا

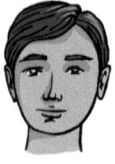

cabeça
سر

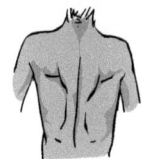

costas

کمر

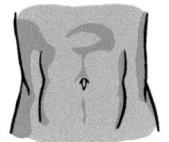

barriga

ٹھڈ

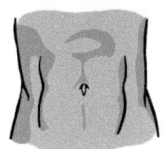

umbigo

تہنی

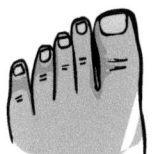

dedo do pé

پنجہ

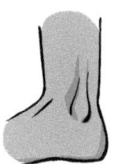

calcanhar

اڈی

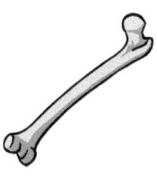

osso

ہڈہ

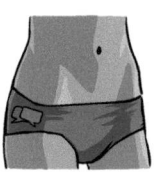

anca

کولہے

joelho

گوڈے

cotovelo

کہنی

nariz

نک

nádegas

زیر جامہ

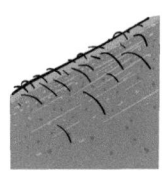

pele

کھل

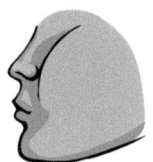

bochecha

گلاں

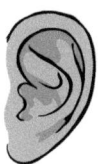

orelha

کن

lábio

بل

boca

منہ

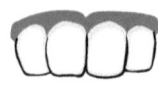

dente

دند

língua

زبان

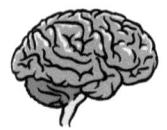

cérebro

دماغ

coração

دل

músculo

پٹھے

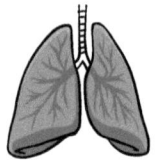

pulmão

پھیپڑے

fígado

جگر

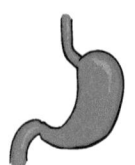

estômago

ٹھڈ

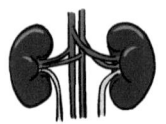

rins

گردے

relações sexuais

جنس

preservativo

کنڈم

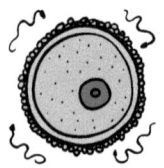

óvulo

انڈے

esperma

منی

gravidez

حمل

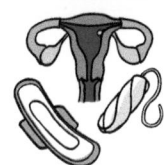

menstruação

حیض

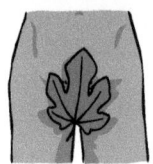

vagina

اندام نهانی

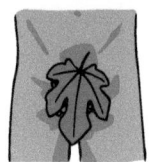

pênis

عضو تناسل

sobrancelha

بهون

cabelo

بال

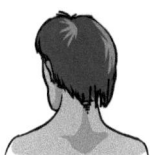

pescoço

گردن

hospital

هسپتال

ہسپتال
ambulância
ایمبولنس
cadeira de rodas
وهیل چئیر
fratura
فریکچر

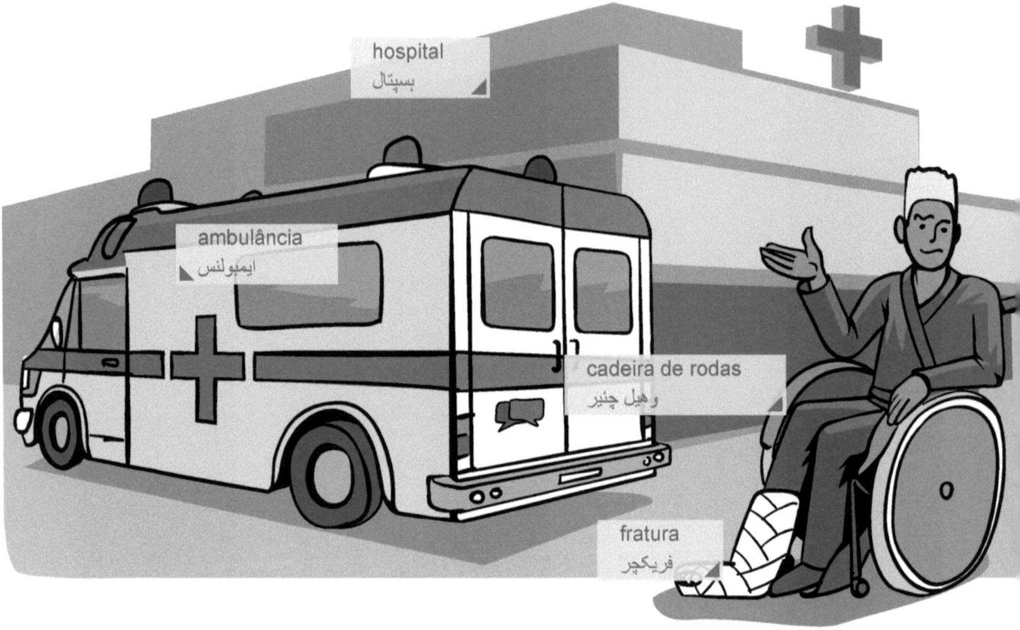

médico

ڈاکٹر

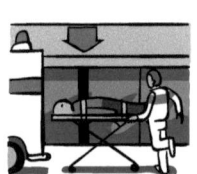

pronto-socorro

ہنگامی کمرہ

enfermeira

نرس

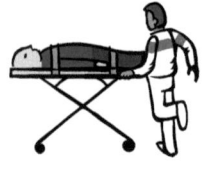

emergência

ایمرجنسی

inconsciente

بے ہوش

dor

درد

ferimento

سٹ

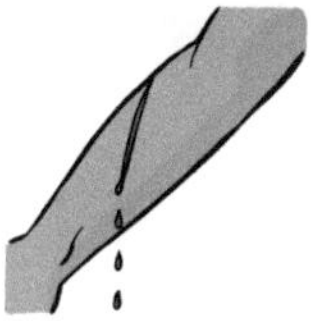

hemorragia

خون نکلنا

ataque cardíaco

دل نا دورہ

acidente vacular cerebral

فالج

alergia

الرجی

tosse

کھنگ

febre

تپ

gripe

نزلہ

diarreia

اسہال

dor de cabeça

سر درد

câncer

کینسر

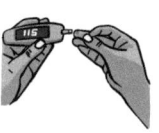

diabetes

شوگر(ذیابطس)

cirurgião

سرجن

bisturi

سکیلپیل

operação

آپریشن

CT

سی ٹی

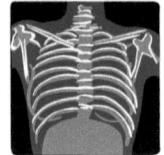

raio x

ایکسرے

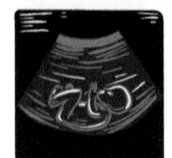

ultrassom

الٹرا ساؤنڈ

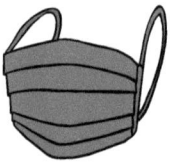

máscara

چہرہ نا ماسک

doença

بماری

sala de espera

انتظار گاہ

muleta

بیساکھی

bandeide

پلستر

ligadura

پٹی

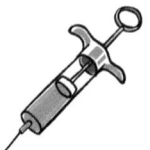

injeção

ٹیکہ

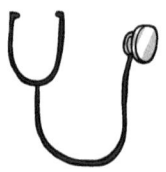

estetoscópio

سٹیتھوسکوپ

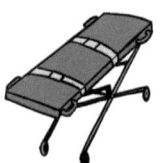

maca

اسٹریچر

termômetro

کلینکل تھرمومیٹر

nascimento

پیدائش

excesso de peso

زائدالوزن

aparelho auditivo

سنن لئی آلہ

desinfetante

جراثیم کش

infecção

متعدی مرض

vírus

وائرس

HIV / AIDS

HIV/AIDS

medicamento

دوائی

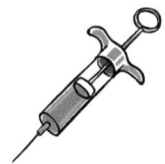

vacinação

ویکسینیشن

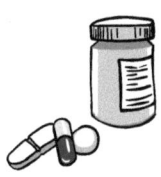

comprimidos

گولیاں

pílula

گولی

chamada de emergência

ہنگامی کال

dispositivo de medição de
pressão arterial

بلڈ پریشر مانیٹر

doente / saudável

بیمار / صحتمند

emergência

ایمرجنسی

Socorro!

مدد!

alarme

الارم

assalto

حملہ

ataque

حملہ

perigo

خطرہ

saída de emergência

ہنگامی اخراج

Fogo!

اگ!

extintor de incêndios

اگ بجاھن والا آلہ

acidente

حادثہ

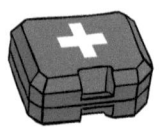

maleta de primeiros socorros

فرسٹ ایڈ کٹ

SOS

SOS

polícia

پلس

Terra
زمین

Europa

یورپ

América do Norte

شمالی امریکہ

América do Sul

جنوبی امریکہ

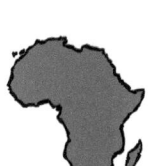

África

افریقہ

Ásia

ایشیاء

Austrália

آسٹریلیا

Atlântico

اٹلانٹک

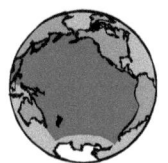

Pacífico

پیسیفک

Oceano Índico

بحیرہ ہند

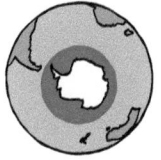

Oceano Antártico

بھیرہ انٹارکٹک

Oceano Ártico

بھیرہ آرکٹیک

Polo Norte

قطب شمالی

Polo Sul

قطب جنوبی

Antártica

انٹارکٹیکا

Terra

زمین

terra

خشکی

mar

سمندر

ilha

جزیرہ

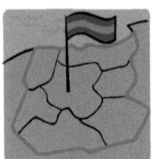

nação

قوم

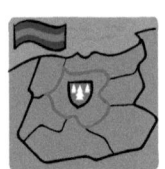

estado

ریاست

relógio
گھڑی

mostrador do relógio

کلاک فیس

ponteiro das horas

نکی سوئی

ponteiro dos minutos

وڈی سوئی

ponteiro dos segundos

سیکنڈ ہینڈ

Que horas são?

کی ٹائم ہویا اے؟

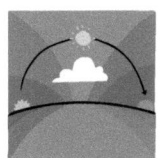

dia

دن

tempo

وقت

agora

ہون

relógio digital

ڈیجیٹل گھڑی

minuto

منٹ

hora

گھنٹہ

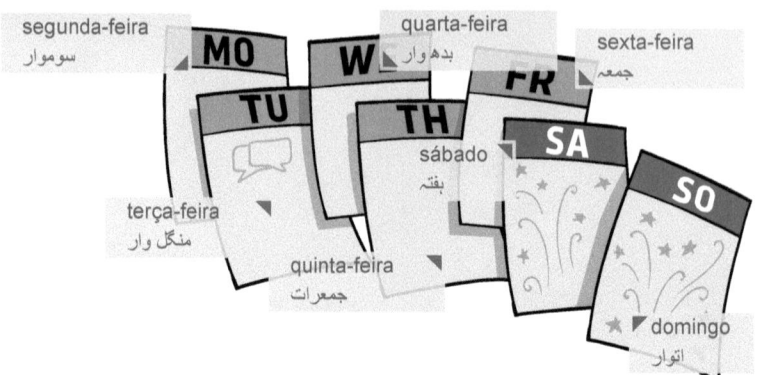

segunda-feira
سوموار

terça-feira
منگل وار

quarta-feira
بدھ وار

quinta-feira
جمعرات

sexta-feira
جمعہ

sábado
بفتہ

domingo
اتوار

ontem

کل

hoje

اج

amanhã

کل

manhã

سویر

meio-dia

دوپہر

entardecer

شام

MO	TU	WE	TH	FR	SA	SU
1	2	3	4	5	6	7
8	9	10	11	12	13	14
15	16	17	18	19	20	21
22	23	24	25	26	27	28
29	30	31	1	2	3	4

dias úteis

کاروباری دن

MO	TU	WE	TH	FR	SA	SU
1	2	3	4	5	6	7
8	9	10	11	12	13	14
15	16	17	18	19	20	21
22	23	24	25	26	27	28
29	30	31	1	2	3	4

fim de semana

ویک اینڈ

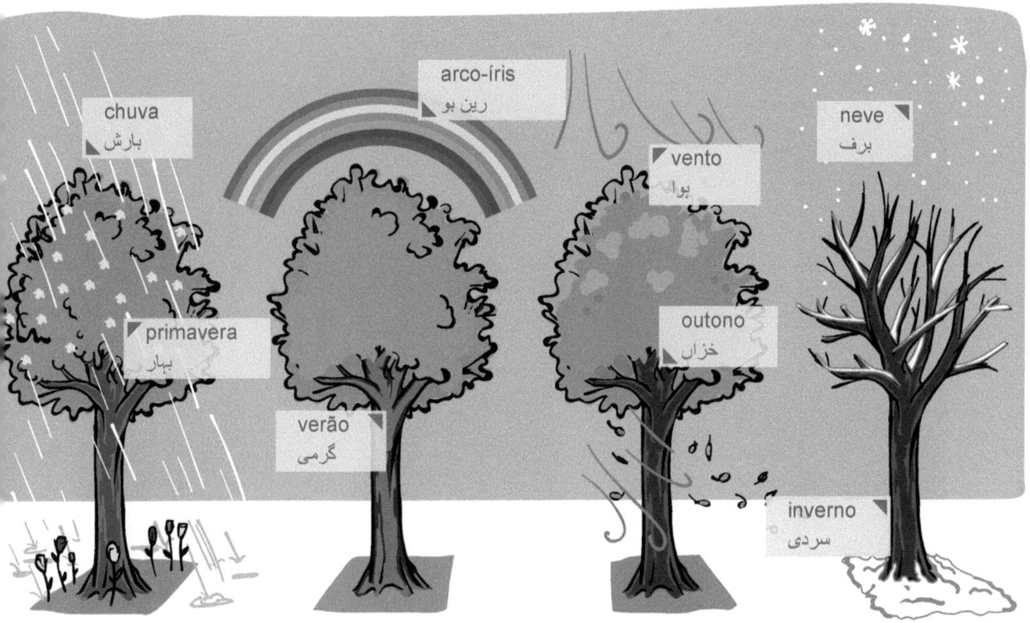

chuva
بارش
arco-íris
رین بو
vento
ہوا
neve
برف
primavera
بہار
verão
گرمی
outono
خزاں
inverno
سردی

4.APRIL 11°
5.APRIL 4°
6.APRIL 13°
7.APRIL 8°
8.APRIL 10°

previsão do tempo

موسمی پیشگوئی

F C
120 90 60 30 0 -30
40 30 20 10 0 -10 -20

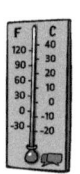

termômetro

تھرمامیٹر

raio de sol

سورج نے چمک

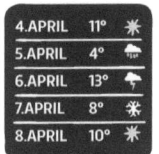

nuvem

بدل

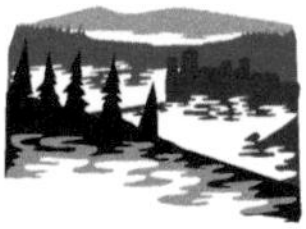

neblina / nevoeiro

دھند

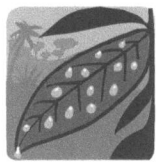

umidade do ar

نمی

relâmpago

بجلی کڑکنا

trovão

گرج

tempestade

نهیری

granizo

اولے

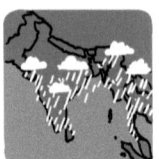

monção

ساون

inundação

سیلاب

gelo

برف

janeiro

جنوری

fevereiro

فروری

março

مارچ

abril

اپریل

maio

مئی

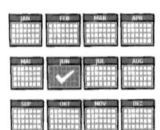

junho

جون

julho

جولائی

agosto

اگست

setembro

ستمبر

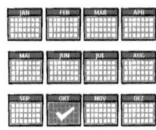

outubro

اکتوبر

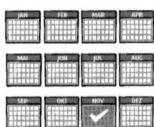

novembro

نومبر

dezembro

دسمبر

formas

شکلاں

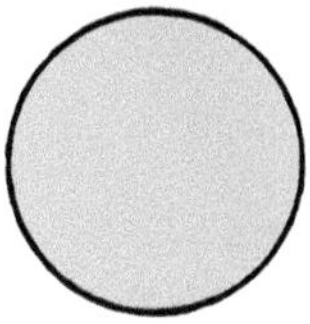

círculo

گول

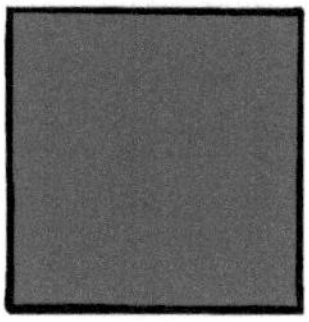

quadrado

چوکور

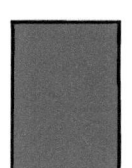

retângulo

مستطیل

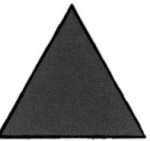

triângulo

مثلث

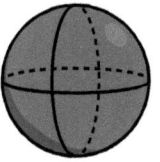

esfera

دائره نما

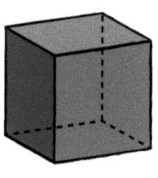

cubo

مکعب

cores

رنگ

branco

چٹا

amarelo

پیلا

laranja

نارنجی

rosa

گلابی

vermelho

رتا

lilás

جامنی

azul

نیلا

verde

ہرا

marrom

کتھئی

cinza

سرمئی

preto

کالا

muito / pouco

زیادہ / گھٹ

furioso / tranquilo

ناراض / پرسکون

lindo / feio

خوبصورت / بدصورت

começo / fim

ابتداء / اختتام

grande / pequeno

وڈا / نکا

claro / escuro

روشن / نھیرا

irmão / irmã

بھرا / بہن

limpo / sujo

صاف / گندا

completo / incompleto

مکمل / نا مکمل

dia / noite

دن / رات

morto / vivo

مردہ / اندہ

largo / estreito

چوڑا / تنگ

comestível / não comestível

خوردنی / ناقابل خوردنی

mau / gentil

پھیڑا / چنگا

entusiasmado / entediado

خوش / ناخوش

gordo / magro

موٹا / پتلا

primeiro / último

پہلا / آخری

amigo / inimigo

دوست / دشمن

cheio / vazio

بھریا / خالی

duro / macio

سخت / نرم

pesado / leve

بھاری / ہلکا

fome / sede

بھوک / پیاس

doente / saudável

بیمار / صحتمند

ilegal / legal

قانونی / غیر قانونی

inteligente / idiota

ذہین / بیوقوف

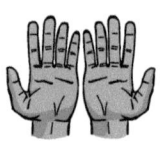

esquerda / direita

کھبا / سجا

perto / longe

کولے / دور

novo / usado

نواں / پرانا

nada / alguma coisa

کجه نئیں / سب کجه

velho / jovem

بڈھا / جوان

ligado / desligado

کهولنا / بند کرنا

aberto / fechado

کهولنا / بند کرنا

baixo / alto

خاموشی / شور

rico / pobre

امیر / غریب

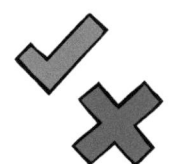

certo / errado

درست / غلط

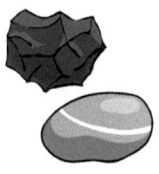

áspero / liso

کهردرا / ہموار

triste / feliz

افسردہ / خوش

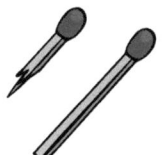

curto / longo

نکا / لما

lento / rápido

آہستہ / تیز

molhado / seco

گیلا / خشک

ameno / fresco

گرم / ٹھنڈا

guerra / paz

جنگ / امن

números

اعداد

0	1	2
zero	um	dois
صفر	اک	دو
3	4	5
três	quatro	cinco
تن	چار	پنج
6	7	8
seis	sete	oito
چه	ست	اٹھ
9	10	11
nove	dez	onze
نو	دس	یاراں

12	13	14
doze	treze	quatorze
باراں	تیراں	چودا
15	16	17
quinze	dezesseis	dezessete
پندرہ	سولہ	ستاراں
18	19	20
dezoito	dezenove	vinte
اٹھاراں	انیہ	وی
100	1.000	1.000.000
cem	mil	milhão
سو	ہزار	ملین

idiomas

بولی

inglês

انگریزی

inglês americano

امریکی انگریزی

chinês mandarim

چینی مینڈیرین

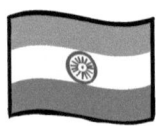

hindi

ہندی

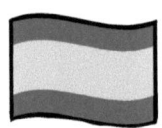

espanhol

سپینش

francês

فرینچ

árabe

عربی

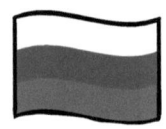

russo

رشئین

português

پرتگالی

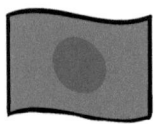

bengalês

بنگالی

alemão

جرمن

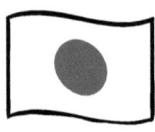

japonês

جاپانی

eu

میں

você

توں

ele / ela

وہ/وہ/ایہہ

nós

اسیں

vocês

توں

eles / elas

او

quem?

کون؟

O quê?

کی؟

como?

کیویں؟

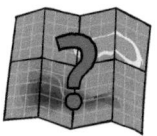

onde?

کتھے؟

Quando?

کدوں؟

nome

ناں

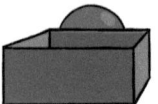

onde

کتھے

atrás

پچھے

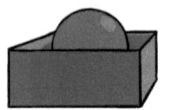

em

وچ

na frente de

نے سامنے

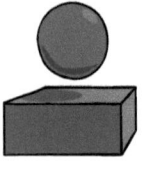

sobre

تے

em cima

تے

debaixo

ہیٹھ

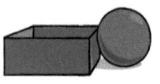

do lado

سوا

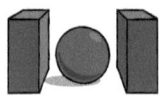

entre

مابین

lugar

جگہ